COMO SAIR DAS DIVIDAS

UM GUIA COMPLETO PARA ALCANÇAR A LIBERDADE FINANCEIRA

de Edvano Soares

ÍNDICE

ÍNDICE

Introdução:

O endividamento é um problema que afeta muitas pessoas em todo o mundo. O acesso fácil ao crédito e o consumismo desenfreado muitas vezes levam as pessoas a se endividarem além do que podem pagar, causando estresse financeiro e até mesmo problemas de saúde. Se você está passando por essa situação, saiba que não está sozinho e que é possível sair das dívidas e alcançar a liberdade financeira.

Este livro foi escrito para ajudar você a entender a importância de sair das dívidas e fornecer um guia completo com estratégias e dicas práticas para que você possa alcançar a tão desejada liberdade financeira. Neste livro, você encontrará capítulos que abrangem desde a organização de suas finanças até o planejamento para manter-se livre de dívidas. Além disso, você também encontrará histórias inspiradoras de pessoas que conseguiram sair das dívidas e mudar suas vidas financeiras.

Lembre-se de que sair das dívidas não é um processo fácil, mas é possível. Requer disciplina, planejamento e mudanças de hábitos e crenças em relação ao dinheiro. Se você estiver disposto a fazer essas mudanças e seguir as estratégias e dicas apresentadas neste livro, estará no caminho certo para alcançar a liberdade financeira e viver uma vida mais tranquila e equilibrada.

02 Entendendo a importância de sair das dívidas

Antes de começar a se concentrar em como sair das dívidas, é importante entender por que é importante fazê-lo. O endividamento excessivo pode ter um impacto significativo em sua vida financeira, emocional e até mesmo física. Algumas das razões pelas quais é importante sair das dívidas incluem:

1. Diminuição do estresse financeiro: O endividamento

2. Menos preocupações com as contas: Quando você está endividado, muitas vezes fica preocupado com as contas que precisam ser pagas e com a possibilidade de não ter dinheiro suficiente para cobri-las. Isso pode afetar sua saúde emocional e até mesmo física.

3. Melhora da sua saúde financeira: Ao sair das dívidas, você melhora sua saúde financeira, o que pode trazer mais tranquilidade e estabilidade para a sua vida. Você pode começar a pensar em objetivos financeiros de longo prazo, como poupar para aposentadoria ou investir em uma casa própria.

4. Melhora da sua pontuação de crédito: Se você tem dívidas, sua pontuação de crédito pode estar comprometida. Ao sair das dívidas, você pode melhorar sua pontuação e aumentar suas chances de conseguir melhores condições em empréstimos futuros.

5. Aumento do seu patrimônio: Quando você sai das dívidas, pode começar a acumular patrimônio em vez de dívidas. Isso pode ser através da poupança, investimentos ou compra de bens que agreguem valor à sua vida.

6. Melhora do seu relacionamento: O endividamento excessivo pode causar estresse e conflitos no relacionamento, seja com seu parceiro ou com sua família. Ao sair das dívidas, você pode ter mais tranquilidade e paz de espírito, o que pode melhorar seus relacionamentos interpessoais.

Ao entender a importância de sair das dívidas, você pode começar a se motivar para fazer mudanças em sua vida financeira. No próximo capítulo, vamos falar sobre como organizar suas finanças para sair das dívidas.

03 Organizando suas finanças

Para sair das dívidas, é preciso ter um bom planejamento financeiro e organização. Neste capítulo, vamos falar sobre como organizar suas finanças para sair das dívidas.

1.Faça um levantamento de todas as suas dívidas: Para começar, é importante ter uma visão clara de todas as suas dívidas. Faça uma lista de todas as dívidas que você tem, incluindo o valor, a taxa de juros e o prazo de pagamento. Isso vai te ajudar a ter uma noção realista da sua situação financeira.

2.Corte gastos desnecessários: Para conseguir sair das dívidas, é preciso reduzir seus gastos. Analise suas despesas e veja onde é possível cortar gastos desnecessários. Pode ser que você esteja gastando muito com lazer, por exemplo, e possa reduzir esses gastos para direcionar o dinheiro para pagar suas dívidas.

3.Priorize as dívidas com juros mais altos: Quando você tem várias dívidas, é importante priorizar aquelas que têm juros mais altos. Isso porque essas dívidas tendem a acumular mais juros, o que dificulta ainda mais o pagamento. Concentre seus esforços em pagar essas dívidas primeiro.

4.Negocie suas dívidas: Se você está com dificuldades para pagar suas dívidas, pode ser interessante negociar com os credores. Muitas vezes, é possível conseguir descontos, parcelamentos ou até mesmo reduções no valor da dívida. Mas é importante que você seja honesto e transparente com os credores, mostrando sua disposição em pagar as dívidas.

5.Crie um orçamento: Para se organizar financeiramente, é essencial ter um orçamento. Anote todas as suas receitas e despesas e veja quanto dinheiro sobra para pagar as dívidas. Se necessário, faça ajustes no orçamento para que seja possível pagar as dívidas sem comprometer suas despesas essenciais.

6.Crie uma reserva de emergência: Quando você está endividado, pode ser difícil pensar em poupar dinheiro.Mas é importante ter uma reserva de emergência para imprevistos, como uma perda de emprego ou uma emergência médica. Tente guardar uma quantia todos os meses para criar essa reserva aos poucos.

04 Aumentando sua renda

Além de cortar gastos e organizar suas finanças, outra forma de acelerar o processo de quitação das dívidas é aumentando sua renda. Neste capítulo, vamos falar sobre algumas formas de aumentar sua renda para ajudar no processo de sair das dívidas.

1.Busque um trabalho extra: Se você tem tempo livre e precisa de dinheiro extra, uma opção é buscar um trabalho extra. Pode ser uma atividade freelancer, como dar aulas particulares, cuidar de crianças ou animais de estimação, fazer trabalhos de design gráfico ou redação, entre outras opções. Essa pode ser uma forma rápida de aumentar sua renda.

2.Invista em sua capacitação profissional: Outra forma de aumentar sua renda é investir em sua capacitação profissional. Busque cursos, treinamentos e especializações na sua área de atuação para se tornar um profissional mais valorizado e, consequentemente, ter oportunidades de emprego com melhores salários.

3.Venda produtos ou serviços: Se você tem habilidades manuais ou criativas, pode ser uma boa ideia vender produtos ou serviços. Por exemplo, se você gosta de cozinhar, pode vender doces, salgados ou refeições para fora. Se você é bom em artesanato, pode vender seus produtos em feiras ou pela internet. Use sua criatividade e veja quais habilidades podem ser transformadas em uma fonte de renda extra.

4.Alugue um espaço da sua casa: Se você tem um espaço extra em casa, pode ser uma boa ideia alugá-lo para ter uma renda extra. Pode ser um quarto vago, uma garagem ou até mesmo um espaço para estacionamento. Existem diversas plataformas online que conectam proprietários de espaços com pessoas que precisam de um lugar para ficar ou estacionar.

5.Use a economia compartilhada: A economia compartilhada é uma tendência que tem crescido nos últimos anos. Plataformas como Airbnb, Uber e 99 oferecem oportunidades para ganhar dinheiro compartilhando sua casa, seu carro ou suas habilidades. Essa pode ser uma boa opção para quem precisa de uma renda extra.

Ao aumentar sua renda, você terá mais dinheiro disponível para pagar suas dívidas e, consequentemente, sair do vermelho mais rapidamente. Mas lembre-se: é importante também continuar organizando suas finanças e evitando novas dívidas.

05 Mudando seus hábitos financeiros

Para sair das dívidas e alcançar a liberdade financeira, não basta apenas cortar gastos e aumentar a renda. É preciso também mudar seus hábitos financeiros para evitar cair novamente em dívidas. Neste capítulo, vamos falar sobre algumas mudanças que você pode fazer em sua vida para ter uma relação mais saudável com o dinheiro.

1.Tenha um orçamento: Ter um orçamento é fundamental para controlar seus gastos e evitar cair em dívidas novamente. Anote todas as suas receitas e despesas e veja quanto você tem disponível para gastar em cada categoria. Assim, você poderá ter uma visão clara de onde está gastando seu dinheiro e identificar onde é possível cortar gastos.

2.Evite compras por impulso: Muitas vezes, compramos coisas que não precisamos por impulso. Isso pode levar a gastos desnecessários e, consequentemente, a novas dívidas. Antes de fazer uma compra, reflita se realmente precisa daquele item e se tem condições de pagá-lo sem comprometer suas finanças.

3.Use o cartão de crédito com moderação: O cartão de crédito pode ser uma ferramenta útil, mas também pode levar a gastos exagerados e dívidas. Use o cartão com moderação e evite parcelamentos com juros altos. Se possível, pague a fatura integralmente todos os meses para evitar juros.

4. Estabeleça metas financeiras: Ter metas financeiras pode ser uma forma motivadora de controlar seus gastos e alcançar a liberdade financeira. Estabeleça objetivos realistas, como quitar suas dívidas em um determinado prazo, criar uma reserva de emergência ou poupar para uma viagem.

A cada meta alcançada, você se sentirá mais motivado a continuar no caminho certo.

5.Busque conhecimento financeiro: Por fim, busque conhecimento financeiro para ter uma relação mais saudável com o dinheiro. Leia livros, assista a vídeos e participe de cursos para aprender sobre finanças pessoais, investimentos e planejamento financeiro. Quanto mais você sabe sobre o assunto, mais fácil será tomar decisões acertadas em relação ao seu dinheiro.

Ao fazer essas mudanças em seus hábitos financeiros, você estará dando passos importantes em direção à liberdade financeira.

06 Lidando com as dívidas acumuladas

Se você está endividado, é importante não deixar a situação se agravar. Neste capítulo, vamos falar sobre como lidar com as dívidas acumuladas e negociar com os credores para quitar suas dívidas.

1. Liste todas as suas dívidas: O primeiro passo para lidar com as dívidas é fazer uma lista de todas elas. Anote o valor, a taxa de juros e a data de vencimento de cada uma. Isso vai ajudá-lo a ter uma visão clara da sua situação financeira e a priorizar as dívidas mais urgentes.

2.Analise suas despesas: Analise suas despesas para ver onde é possível cortar gastos e direcionar o dinheiro para pagar as dívidas. Pode ser necessário reduzir o consumo de alguns itens, como lazer e alimentação fora de casa, para poder pagar as dívidas.

3.Negocie com os credores: Entre em contato com os credores e negocie as dívidas. Explique sua situação financeira e tente negociar um prazo maior para pagar ou um desconto nos juros e multas. Muitas vezes, os credores estão dispostos a negociar para receber pelo menos parte do valor devido.

4.Considere a renegociação das dívidas: Se você não consegue pagar as dívidas mesmo após negociar com os credores, considere a renegociação das dívidas. Isso pode envolver a união de todas as dívidas em uma só e o pagamento em parcelas com juros menores.

5.Busque ajuda profissional: Se você está com muitas dívidas e não sabe como lidar com a situação, busque ajuda profissional. Um consultor financeiro pode ajudá-lo a criar um plano para sair das dívidas e alcançar a liberdade financeira.

Lidar com as dívidas acumuladas pode ser um processo difícil, mas é fundamental para alcançar a liberdade financeira. Ao tomar medidas para pagar as dívidas e negociar com os credores, você estará dando passos importantes em direção a uma vida financeira mais saudável.

No próximo capítulo, vamos falar sobre como criar uma reserva de emergência para evitar cair em dívidas novamente.

07 Criando uma reserva de emergência

Uma reserva de emergência é fundamental para garantir a segurança financeira e evitar cair em dívidas novamente. Neste capítulo, vamos falar sobre como criar uma reserva de emergência e como usá-la de forma eficiente.

1.Defina o valor da sua reserva: O primeiro passo para criar uma reserva de emergência é definir o valor necessário para cobrir seus gastos essenciais por alguns meses. Isso pode variar de acordo com sua situação financeira e profissional, mas o ideal é ter o equivalente a três a seis meses de despesas em reserva.

2.Escolha uma conta segura: Escolha uma conta segura e de fácil acesso para guardar sua reserva.

Uma conta poupança é uma opção comum, pois oferece baixo risco e alta liquidez.

3.Faça depósitos regulares: Faça depósitos regulares na conta da reserva de emergência, mesmo que sejam pequenos valores. É importante criar o hábito de guardar dinheiro regularmente e manter a disciplina para evitar gastar a reserva com coisas desnecessárias.

4.Use a reserva apenas para emergências: Use a reserva de emergência apenas em situações de emergência, como perda de emprego, doença ou despesas imprevistas. Evite usá-la para cobrir gastos rotineiros ou de lazer.

5.Reabasteça a reserva: Se você precisar usar a reserva de emergência, reabasteça-a o mais rápido possível para manter a proteção financeira. Faça depósitos extras até que a reserva volte ao valor original.

Uma reserva de emergência é uma proteção importante contra imprevistos financeiros e pode evitar que você caia em dívidas novamente. Ao criar uma reserva e usá-la de forma eficiente, você estará fortalecendo sua saúde financeira e garantindo a tranquilidade em caso de emergências.

08 Investindo para alcançar a independência financeira

Investir dinheiro é uma das melhores maneiras de alcançar a independência financeira e construir riqueza ao longo do tempo. Neste capítulo, vamos falar sobre as diferentes opções de investimento e como escolher a melhor estratégia para você.

1.Conheça seu perfil de investidor: Antes de começar a investir, é importante conhecer seu perfil de investidor. Você é mais conservador ou mais agressivo? Qual é seu objetivo financeiro? Responder a essas perguntas pode ajudá-lo a escolher a estratégia de investimento mais adequada para você.

2.Entenda as opções de investimento: Existem várias opções de investimento, desde ações e títulos até fundos mútuos e imóveis. Cada uma tem suas próprias vantagens e desvantagens, então é importante entender bem cada uma delas antes de tomar uma decisão.

3.Diversifique seus investimentos: É importante diversificar seus investimentos para minimizar os riscos e aumentar as chances de retorno. Isso significa investir em diferentes tipos de ativos e em diferentes setores da economia.

4.Mantenha a disciplina: Investir dinheiro requer disciplina e paciência. É importante manter um plano de investimento a longo prazo e não se deixar levar por emoções ou especulações de curto prazo.

5.Busque ajuda profissional: Se você não tem experiência em investimentos ou não tem tempo para gerenciar sua carteira, pode ser útil buscar ajuda profissional de um consultor financeiro ou de um corretor de valores.

Investir dinheiro é uma das maneiras mais eficazes de alcançar a independência financeira e construir riqueza ao longo do tempo. Ao escolher a estratégia de investimento mais adequada para você e manter a disciplina, você estará aumentando suas chances de sucesso financeiro.

09 Controlando seus gastos e evitando o desperdício de dinheiro

Controlar seus gastos é uma parte importante do processo de alcançar a independência financeira. Neste capítulo, vamos discutir estratégias para ajudá-lo a gerenciar suas finanças pessoais e evitar o desperdício de dinheiro.

1.Faça um orçamento: Fazer um orçamento é uma das coisas mais importantes que você pode fazer para controlar seus gastos. Anote todas as suas despesas mensais, incluindo contas, alimentos, entretenimento e outros gastos variáveis. Depois de ter um panorama geral de suas despesas, estabeleça limites para cada categoria e faça o seu melhor para cumpri-los.

2.Aprenda a dizer não: Aprender a dizer não a si mesmo é outra habilidade importante para controlar seus gastos. Se você está trabalhando para pagar suas dívidas ou alcançar a independência financeira, é importante dizer não a compras desnecessárias e hábitos de gastos frívolos.

3.Evite compras por impulso: Compras por impulso são uma das principais razões pelas quais as pessoas gastam mais do que deveriam. Tente resistir a tentações em lojas e compras online, e só compre o que você realmente precisa.

4. Use cupons e promoções: Usar cupons e aproveitar promoções é uma maneira fácil de economizar dinheiro em compras. Verifique sites de cupons e promoções antes de fazer compras, e sempre pesquise por melhores preços antes de comprar algo.

5.Reavalie suas assinaturas: Se você assina serviços que não usa com frequência, como academias ou assinaturas de revistas, reavalie se vale a pena mantê-las ou se é melhor cancelá-las e economizar dinheiro.

Controlar seus gastos é fundamental para alcançar a independência financeira e evitar o desperdício de dinheiro. Com um pouco de disciplina e prática, você pode aprender a gerenciar suas finanças pessoais com eficácia e alcançar seus objetivos financeiros.

10 Mantendo a motivação e a persistência

Alcançar a independência financeira pode levar tempo e esforço. Neste capítulo, vamos discutir algumas maneiras de manter sua motivação e persistência durante o processo.

1.Defina metas claras: Definir metas claras e alcançáveis é uma das maneiras mais eficazes de se manter motivado. Estabeleça metas de curto e longo prazo e acompanhe seu progresso em direção a elas.

2.Visualize seus objetivos: Visualizar seus objetivos financeiros pode ajudá-lo a mantê-los em mente e a se concentrar em trabalhar em direção a eles. Crie um quadro de visão ou um arquivo digital que represente seus objetivos financeiros e o inspire a alcançá-los.

3.Celebre seus sucessos: Celebrar seus sucessos, mesmo os pequenos, pode ajudá-lo a manter a motivação e a reconhecer o progresso que está fazendo em direção aos seus objetivos financeiros. Comemore quando você atingir uma meta ou alcançar um marco importante.

4.Encontre um grupo de apoio: Encontrar um grupo de pessoas que compartilham seus objetivos financeiros pode ser uma ótima maneira de se manter motivado e persistente. Junte-se a grupos de mídia social ou comunidades online que se concentrem em finanças pessoais e independência financeira.

5.Aprenda com seus erros: É normal cometer erros no processo de alcançar a independência financeira. Em vez de ficar desanimado com seus erros, aprenda com eles e use-os como uma oportunidade para melhorar suas estratégias e abordagem.

Manter a motivação e a persistência é essencial para alcançar a independência financeira. Lembre-se de definir metas claras, visualizá-las, celebrar seus sucessos, encontrar um grupo de apoio e aprender com seus erros. Com essas estratégias, você pode se manter motivado e persistente durante todo o processo de alcançar a independência financeira.

11 Investindo seu dinheiro para a independência financeira

Investir dinheiro é uma das maneiras mais eficazes de alcançar a independência financeira. Neste capítulo, vamos discutir algumas opções de investimento que podem ajudá-lo a alcançar seus objetivos financeiros.

1. Ações: Investir em ações pode ser uma ótima maneira de aumentar seu patrimônio líquido. As ações têm o potencial de gerar retornos mais altos a longo prazo, mas também vêm com riscos mais altos. Certifique-se de fazer sua pesquisa antes de investir em qualquer empresa específica.

2. Fundos de índice: Fundos de índice são uma opção de investimento passiva que acompanha um índice de mercado, como o S&P 500. Eles são uma boa opção para investidores que desejam uma exposição diversificada ao mercado de ações, mas não querem gastar tempo escolhendo ações individuais.

3. Títulos: Investir em títulos é uma opção de investimento de baixo risco. Os títulos pagam juros regularmente e podem ser uma boa opção para investidores que desejam um fluxo de renda previsível. No entanto, os retornos são geralmente menores do que os das ações.

4. Imóveis: Investir em imóveis pode ser uma ótima maneira de aumentar seu patrimônio líquido e gerar renda passiva.

Você pode comprar imóveis para alugar ou investir em fundos imobiliários. No entanto, o investimento em imóveis pode ser caro e requer muito trabalho.

5. Criptomoedas: As criptomoedas são uma opção de investimento de alto risco e alta recompensa. O mercado de criptomoedas é altamente volátil, o que significa que os retornos podem ser altos, mas também pode haver perdas significativas. Certifique-se de entender os riscos antes de investir em criptomoedas.

Antes de investir, certifique-se de fazer sua pesquisa e entender os riscos envolvidos. Considere sua tolerância ao risco, objetivos financeiros e horizonte de tempo ao escolher um investimento. Com a abordagem certa, o investimento pode ser uma ótima maneira de alcançar a independência financeira.

12 Planejando sua aposentadoria para alcançar a independência financeira

A aposentadoria é um dos maiores objetivos financeiros para muitas pessoas. Para alcançar a independência financeira, é importante ter um plano sólido de aposentadoria. Neste capítulo, vamos discutir algumas etapas que você pode seguir para planejar sua aposentadoria e alcançar a independência financeira.

1. Defina sua meta de aposentadoria: Antes de começar a planejar sua aposentadoria, é importante ter uma meta clara em mente. Considere quanto dinheiro você precisará para se aposentar confortavelmente e calcule quanto tempo você tem para atingir essa meta.

2. Estime sua renda na aposentadoria: Uma vez que você tenha uma meta de aposentadoria em mente, é importante estimar quanto dinheiro você precisará para se aposentar confortavelmente.

Considere fatores como sua despesa de vida, cuidados de saúde e outras despesas que podem surgir na aposentadoria.

3. Crie um plano de poupança: Para alcançar sua meta de aposentadoria, você precisará economizar dinheiro regularmente. Crie um plano de poupança que funcione para você e seja realista em relação às suas metas e orçamento.

4. Considere investimentos de aposentadoria: Os investimentos de aposentadoria, como um plano 401 (k) ou um IRA, podem ser uma ótima maneira de economizar para a aposentadoria. Certifique-se de entender suas opções de investimento e escolha um plano que funcione para você.

5. Faça ajustes ao longo do tempo: O planejamento da aposentadoria é um processo contínuo e pode exigir ajustes ao longo do tempo. À medida que sua vida e metas mudam, faça os ajustes necessários em seu plano de aposentadoria.

A aposentadoria pode parecer distante, mas é importante começar a planejar cedo para alcançar a independência financeira. Com uma meta clara em mente, um plano sólido de poupança e investimento e ajustes regulares, você pode alcançar a aposentadoria dos seus sonhos.

13 Gerenciando sua dívida para alcançar a independência financeira

Gerenciar a dívida é uma parte importante do processo de alcançar a independência financeira. Neste capítulo, discutiremos algumas estratégias para gerenciar sua dívida e trabalhar em direção a uma vida financeira mais saudável.

1. Priorize sua dívida: Antes de começar a gerenciar sua dívida, é importante priorizar quais dívidas você precisa pagar primeiro. Considere fatores como as taxas de juros, os valores devidos e os prazos de pagamento para decidir quais dívidas devem ser pagas primeiro.

2. Crie um plano de pagamento: Depois de priorizar sua dívida, crie um plano de pagamento para pagar suas dívidas de forma eficiente e eficaz. Considere opções como o método da bola de neve de dívida ou o método da avalanche de dívida para ajudar a priorizar e pagar suas dívidas.

3. Encontre maneiras de economizar dinheiro: Encontrar maneiras de economizar dinheiro em seu orçamento pode ajudar a acelerar o processo de pagamento de dívidas. Considere cortar despesas desnecessárias ou encontrar maneiras de ganhar dinheiro extra para ajudar a pagar suas dívidas mais rapidamente.

4. Considere a consolidação da dívida: A consolidação da dívida pode ser uma ótima opção para reduzir as taxas de juros e simplificar seus pagamentos de dívida. Considere opções como um empréstimo pessoal ou uma transferência de saldo de cartão de crédito para consolidar suas dívidas.

5. Busque ajuda profissional se necessário: Gerenciar a dívida pode ser uma tarefa desafiadora e pode ser necessário buscar ajuda profissional para criar e executar um plano de pagamento de dívidas eficaz.

Gerenciar a dívida pode ser um processo desafiador, mas é uma parte importante do caminho para a independência financeira. Com um plano de pagamento sólido, economias cuidadosas e ajuda profissional, você pode trabalhar em direção a uma vida financeira mais saudável e livre de dívidas.

14 Mantendo sua independência financeira

Alcançar a independência financeira é uma conquista significativa, mas manter essa liberdade financeira pode ser igualmente desafiador. Neste capítulo, discutiremos algumas estratégias para manter sua independência financeira e continuar a viver dentro de suas possibilidades.

1. Mantenha seu orçamento: Um orçamento é uma ferramenta importante para manter sua independência financeira. Certifique-se de acompanhar suas despesas mensais e orçamento para economias e despesas futuras.

2. Evite dívida desnecessária: Evite acumular dívidas desnecessárias, especialmente aquelas com altas taxas de juros. Considere a necessidade da compra e se você pode pagar a dívida antes de fazer qualquer compra importante.

3. Invista em sua educação financeira: Investir em sua educação financeira pode ajudá-lo a manter sua independência financeira a longo prazo. Considere ler livros sobre finanças pessoais, participar de workshops ou buscar a ajuda de um consultor financeiro.

4. Crie um fundo de emergência: Um fundo de emergência pode ajudá-lo a lidar com despesas imprevistas e evitar recorrer a dívidas ou comprometer suas economias. Certifique-se de que seu fundo de emergência seja suficiente para cobrir despesas importantes, como despesas médicas ou despesas de carro.

5. Mantenha-se informado sobre seus investimentos: Se você tem investimentos, é importante monitorá-los regularmente para garantir que estão alinhados com seus objetivos financeiros e mantendo um bom desempenho.

Manter sua independência financeira requer esforço contínuo e comprometimento. Certifique-se de que seu orçamento seja sustentável a longo prazo, evite dívida desnecessária e invista em sua educação financeira.

Com planejamento e cuidado, você pode manter sua liberdade financeira e alcançar seus objetivos financeiros a longo prazo

15 Encontrando motivação para continuar

Encontrar motivação para continuar mantendo sua independência financeira pode ser difícil, especialmente quando você está enfrentando obstáculos ou passando por momentos difíceis. Neste capítulo, discutiremos algumas maneiras de encontrar motivação para continuar sua jornada financeira.

1. Lembre-se dos seus objetivos financeiros: Lembre-se dos seus objetivos financeiros e visualiza o que você deseja alcançar a longo prazo. Isso pode ajudá-lo a permanecer motivado e concentrado em suas metas financeiras.

2. Comemore suas conquistas: Reconheça suas conquistas financeiras e comemore seus sucessos, mesmo que sejam pequenos. Isso pode ajudá-lo a manter uma mentalidade positiva e motivada.

3. Encontre uma comunidade de apoio: Encontre uma comunidade de pessoas que compartilham seus valores financeiros e o apoiam em sua jornada. Isso pode ser uma ótima maneira de encontrar motivação e inspiração.

4. Reflita sobre sua jornada: Reflita sobre sua jornada financeira até agora e reconheça como você cresceu e aprendeu. Isso pode ajudá-lo a encontrar motivação para continuar a crescer e aprender mais sobre finanças pessoais.

5. Busque ajuda quando necessário: Não tenha medo de buscar ajuda de um consultor financeiro ou de amigos e familiares de confiança. Pedir ajuda não é um sinal de fraqueza, mas sim uma demonstração de força e determinação para alcançar seus objetivos financeiros.

Encontrar motivação para continuar sua jornada financeira pode ser desafiador, mas com uma mentalidade positiva, um forte sistema de suporte e a lembrança de seus objetivos financeiros, você pode continuar a progredir e alcançar sua independência financeira a longo prazo

16 Conclusão

Neste guia completo para alcançar a liberdade financeira, discutimos muitas estratégias e técnicas úteis para ajudá-lo a sair das dívidas e alcançar sua independência financeira. Esperamos que este guia tenha lhe dado uma compreensão clara de como você pode controlar suas finanças, economizar dinheiro e fazer escolhas inteligentes de investimento.

Embora o caminho para a liberdade financeira possa ser desafiador, os benefícios são inestimáveis. Com mais controle sobre suas finanças, você pode desfrutar de uma vida mais tranquila e livre de estresse, ter mais flexibilidade para tomar decisões importantes e alcançar seus objetivos financeiros a longo prazo.

Lembre-se de que a jornada para a independência financeira é uma maratona e não uma corrida de velocidade. Portanto, não se apresse em tomar decisões financeiras importantes e não desanime se enfrentar desafios ao longo do caminho. Com uma abordagem disciplinada e determinação, você pode superar qualquer obstáculo e alcançar seus objetivos financeiros.

Agora é hora de começar sua jornada para a liberdade financeira. Lembre-se, não é tarde demais para tomar o controle de suas finanças e garantir seu futuro financeiro. Comece a fazer mudanças positivas em sua vida financeira hoje e desfrute dos benefícios a longo prazo que a independência financeira pode trazer.

Agradecimentos: aos leitores que se dedicaram um tempo na leitura a uma pessoa em especial que sempre me apoia em meus sonhos e desafios e esta sempre comigo, nem precisa citar o nome dela só de ler ira saber que estou falando dela ,Amor obrigado.

Apliquem e se dediquem em usar o conhecimento em seu dia a dia, iram começar a colher resultado. Sempre estou melhorando meu conhecimento em investimento e sobre finanças pois é um assunto necessario em nossas vidas.

Contato: me sigam no meu instagram pessoal @edvano17 ou no da pagina @edy.educadorfinanceiro

Lembre-se não deixe de praticar o conteudo aprendido e será muito útil em seu dia a dia e para evitar em voltar a perde o controle financeiro.

www.ingramcontent.com/pod-product-compliance
Lightning Source LLC
Chambersburg PA
CBHW072147230526
45467CB00040B/820